MÉMOIRE

SUR

LA LOUISIANE...

MÉMOIRE

SUR

LA LOUISIANE,

CONTENANT

La description du sol et des productions de cette île, et les moyens de la rendre florissante en peu de tems ;

AVEC

Un Vocabulaire et un abrégé de la Grammaire de la langue des Sauvages.

PAR M. JACQUEMIN,

Pendant 22 ans Missionnaire - Préfet - Apostolique de la Guiane Française, et Évêque démissionnaire de Caïene.

A PARIS,

De l'Imprimerie de J. M. EBERHART, rue des Mathurins St.-Jacques, n.º 335.

AN XI — 1803.

MÉMOIRE

SUR

LA LOUISIANE.

INTRODUCTION.

NE cherchant qu'à faire le bien, qu'à être utile, je dirai fimplement ma façon de penfer. Un féjour de vingt-deux ans dans les colonies, différentes courfes faites dans l'intérieur des terres pour vifiter les Indiens, m'ont donné des connoiffances de la vie, des mœurs & du caractère de ces peuples. Je dirai fuccinctement, 1°, ce que la Louifiane eft en elle-même; 2°, ce qu'il faudroit faire, & comment il faudroit le faire pour en tirer le parti dont elle eft fufceptible.

A

Je suis certain que ceux que le Gouvernement fera passer dans ce beau, ce riche et fertile pays, deviendront bientôt la source d'une grande population, & la base de la prospérité de cette vaste province. La mère-patrie & le commerce y trouveront leurs avantages : la patrie, en procurant à une bonne partie de ses membres des moyens honnêtes & sûrs de bonifier ou d'améliorer leur sort ; le commerce, en ce que la colonie étant plus peuplée, fera plus de travaux, & produira par conséquent plus d'objets à vendre ou à échanger.

PREMIERE PARTIE.

De la Louisiane, de la nature de son sol, et de ses productions.

LA Louisiane, située dans la partie septentrionale de l'Amérique, est bornée au midi par le golfe du Mexique, au levant, par la Caroline, & partie du

Canada ; au couchant, par le nouveau Mexique ; au nord, en partie par le Canada : le reste n'a point de borne, & s'étend jusqu'aux terres inconnues voisines de la baie de Hudson. On lui donne environ deux cent lieues de largeur entre les établissemens espagnols & anglais : sa longueur est indéterminée, puisqu'elle est inconnue ; elle va probablement jusqu'au détroit qui sépare l'Amérique septentrionale de l'Asie. Ce détroit est, pendant sept ou huit mois de l'année, couvert d'une glace de dix ou douze pieds d'épaisseur. Les ours & les autres animaux passent sur cette glace comme sur un pont, & vont de l'Amérique à la Sibérie & à la Tartarie : c'est probablement de là, & par ce moyen, que l'Amérique a été peuplée.

Le climat de la Louisiane varie à mesure qu'elle s'étend vers le nord ; ce que l'on en peut dire en général, c'est que sa partie méridionale n'est pas brûlante comme celles de l'Afrique, qui sont sous

la même latitude ; & que les parties
feptentrionales font plus froides que
celles de l'Europe qui leur correfpon-
dent. On attribue à deux caufes cette
différence de climat d'avec l'Afrique &
l'Europe : la première eft la quantité de
bois qui couvrent le pays ; & la feconde,
le grand nombre de rivières : les uns
empêchent que le foleil n'échauffe la
terre , & les autres y répandent une
grande humidité. La longue continuité
de terres qui s'étendent vers le nord, y
eft auffi pour quelque chofe : les vents
qui en viennent font beaucoup plus
froids que s'ils avoient en chemin tra-
verfé la mer. L'air n'y eft jamais fi chaud
ni fi froid qué fur terre ; c'eft ce qu'on
peut vérifier fur tous les pays dont on
connoît le climat & la pofition. La nouvelle Orléans, qui eft par les trente degrés comme les Canaries, & la côte la
plus nord de l'Egypte, jouit de la même
température que le Languedoc. A quelques degrés plus haut , le climat eft

beaucoup plus doux, parce que le pays
eſt plus élevé. On paſſe peu de jours à
la Louiſiane ſans voir le ſoleil : le mauvais temps n'y dure pas ; une demi-heure
après, il n'y paroît plus : l'air y eſt
parfaitement bon ; le ſang y eſt beau,
les hommes s'y portent bien, peu de
maladies dans la force de l'âge, point
de caducité dans la vieilleſſe, que l'on
pouſſe beaucoup plus loin qu'en France.
Ceux qui arrivent dans le pays avec des
maladies, guériſſent ſouvent naturellement ſans faire uſage d'aucuns remedes.
La vie eſt longue & agréable dans la
Louiſiane pour tous ceux qui s'éloignent
de la débauche & menent une vie réglée.

Le fleuve Saint-Louis partage la
Louiſiane du nord au ſud en deux parties
preſque égales. Les naturels le nomment
Meatchaſſipi, qui ſignifie à la lettre,
vieux père des rivières ; d'où les Français, qui veulent toujours francifer les
mots étrangers, ont fait celui de Mis-
ſiſſipi. Enfin les Français en dernier lieu

l'ont nommé fleuve Saint - Louis. Ce fleuve a quinze à feize cent lieues de cours. M. de Charleville, canadien & parent de M. Bianville, commandant gé-néral de cette colonie, a remonté ce fleuve jufqu'à cent lieues au-deffus du fault Saint-Antoine ; & de ce fault à l'embouchure du fleuve dans le golfe du Mexique, il y a huit cent lieues. A cent lieues au-deffus il trouva les Sioux : ces Indiens, peu accoûtumés à voir des Européens, furent très-furpris de le voir, & lui demandèrent où il alloit, après leur avoir fait quelques petits préfens, il leur fit entendre que fon intention étoit de remonter jufqu'à la fource du grand fleuve. Ils l'en diffuadèrent, en lui difant qu'elle étoit trop éloignée ; qu'il y avoit auffi loin de la fource de cette grande rivière jufqu'à l'endroit où elle faute, que de cet endroit à la grande eau ; c'eft ainfi que les fauvages appel-lent la mer. Sur ces éclairciffemens on peut affurer que ce fleuve doit avoir

quinze à seize cent lieues de sa source
à son embouchure, puisqu'il y a huit
cent lieues bien connues du sault Saint-
Antoine à la mer : cette conjecture est
d'autant plus probable, que loin dans
les terres du nord se jettent dans ce fleuve quantité de rivières d'un assez long
cours ; qu'au-dessus du sault on trouve
dans ce fleuve jusqu'à trente & trente-
cinq brasses d'eau, & de la largeur à
proportion, ce qui ne peut venir d'une
source peu éloignée ; je puis ajouter que
toutes les nations des naturels, qui l'ont
appris de ceux qui sont le moins éloignés
de la source, pensent de même à cet égard.
On peut à présent statuer sur la grandeur
de la Louisiane, puisque l'on tient déjà
seize cent lieues de cours du fleuve
Saint-Louis. Plusieurs grandes rivières
viennent de droite & de gauche se rendre dans ce fleuve. Ces rivières se com-
muniquent presque toutes les unes aux
autres, soit par des lacs, soit par des
canaux naturels ; ce qui peut beaucoup

faciliter la navigation , & être dans la fuite d'un grand avantage au commerce. On a été de la nouvelle Orléans à Quebec, en remontant le fleuve Saint-Louis jufqu'à la rivière Douabache , & celle-ci jufqu'à celle des Miamis : on continue cette dernière jufqu'au portage ; arrivé à cet endroit, on va chercher des naturels de cette nation ; ils font le portage l'efpace de deux lieues ; ce chemin fait, on trouve une petite rivière qui tombe dans le lac Erié ; de là on defcend le fleuve Saint-Laurent jufqu'à Quebec. Ceux qui ont fait ce voyage, ont dit qu'ils comptoient dix-huit cent lieues de l'une à l'autre de ces capitales. Le lac Erié eft peut-être le plus beau qu'il y ait fur la terre. On peut juger de la bonté de fon climat par les latitudes des pays qui l'environnent. Son circuit eft de deux cent trente lieues , par tout d'un afpect charmant. On voit le long de fes bords, des chênes, des ormes, des châtaigners, des noyers, enfin de toutes les eſpèces d'arbres qui ſont de toute beauté , & couverts de treilles qui portent leurs grappes juſqu'aux ſommets ſur un terrein plat, ce qui doit ſuffire pour s'en former l'idée du monde la plus agréable. On voit dans ces bois, & dans les vaſtes prairies qu'on découvre du côté du ſud, une quantité prodigieuſe de bêtes fauves , de cerfs, de chevreuils, de poulets d'inde, de faiſans. Les bœufs ſauvages ſe trouvent ſur les bords de deux belles rivières qui ſe déchargent tranquillement ſans cataractes dans ce lac. Les eſturgeons , & toutes les différentes eſpèces de bons poiſſons , y ſont abondans. Il eſt ſans batures , ſans rochers, & ſans bancs de ſable ; ſa profondeur eſt de quatorze à quinze braſſes d'eau. A vingt lieues dans les terres , le long d'un certain côteau, il y a des mines d'argent d'où les ſauvages ont apporté de groſſes pierres qui ont rendu de ce précieux métal avec peu de déchet. Le terrein, où eſt ſitué la nouvelle Orléans , étant

une terre rapportée par les vases , de
même que celle qui eft au-deſſous & au-
deſſus aſſez loin de cette capitale , eft
d'une bonne qualité, propre à l'agriculture. Une partie de la Louiſiane étant
dans la zône tempérée, donne preſque
toutes les productions des quatre parties du monde, & réunit les plus grands
avantages. La côte eft féconde en poiſ-
fons délicieux & en excellens coquil-
lages de toutes eſpèces. La terre eft
fertile en productions de tous genres.
Les grains , comme froment, feigle,
avoine, maïs, &c ; les légumes, comme
haricots, pois, &c ; les fruits, comme
pommes, poires, pêches, figues, pru-
nes, olives, noix, marons comme ceux
de Lyon, chataignes, melons, fraiſes,
framboiſes, bluet, champignons, moril-
les, ceriſes, faffran, chanvre, lin, viennent même mieux qu'en Europe. Les
oranges, les citrons, l'indigo, le tabac,
le coton, le riz & les patates, viennent
auſſi bien qu'en Amérique. Les prairies

de la Louifiane ne font pas feulement couvertes d'herbes propres au pâcage, elles portent encore quantité de fraifes au mois d'avril. Les mois fuivans, le coup d'œil eft charmant ; elles font émaillées de fleurs qui, étant alors dans toute leur beauté, préfentent à la vue le fpectacle le plus raviffant ; elles font diverfifiées à l'infini. Les prairies fourniffent non-feulement de quoi ravir la vue, mais elles produifent encore, auffi bien que les bois, de bons fimples pour la médecine & la teinture. Ces côteaux en prairies & ces futaies font remplies de bêtes fauves & de gibier de toutes efpèces. Les bœufs peuvent devenir un objet de commerce, tant pour les peaux & la graiffe, que pour la viande en en faifant des falaifons. Ils font fi communs qu'on en rencontre fouvent des troupeaux de cent, de cent cinquante & de deux cents. Les terres hautes produifent naturellement des mûriers, dont les feuilles plaifent beaucoup aux vers à foie ;

l'indigo y croît de même le long des bois fourrés, fans culture. Il s'y trouve auffi du tabac naturel, à la culture duquel, ainfi que des autres efpèces de tabacs, ces terres font très-propres. Le coton s'y cultive auffi à profit. Auprès de la rivière des Arkanfas, on trouve une carrière de marbre rouge jafpé, de porphyre, une d'ardoife, & une autre de plâtre. Des voyageurs ont affuré avoir vu des paillettes d'or dans un petit ruiffeau voifin. Il y a auffi, à d'autres endroits, des mines d'or, d'argent, de cuivre, de plomb, de fer & de charbon de terre; ainfi que des minéraux, du falpêtre & du cryftal. En remontant la rivière noire environ trente lieues, on trouve à gauche, un ruiffeau d'eau falée, qui vïent de l'ouest; en remontant ce ruiffean environ deux lieues, on trouve un lac d'eau falée, qui a environ deux lieues de long fur une de large. Une lieue plus haut, vers le nord, on rencontre un autre lac d'eau falée, prefque

auffi long & auffi large que le premier.
Cette eau paffe, fans doute, par quelque mine de fel; elle eft falée fans avoir
l'amertume de l'eau de la mer. Les naturels viennent d'affez loin y faire du
fel. Il y a auffi beaucoup d'autres lacs
d'eau douce, abondans en truites, car-
pes, brochets, anguilles, &c; & couverts d'oifeaux aquatiques, tels que ca-
nards, cercelles, grues, oies, flamands,
outardes, hérons, poules d'eau, plon-
geons & pluviers. Les oifeaux de terre,
comme perdrix, ortolans, tourterelles,
pigeons ramiers, poules & coqs de bois,
aigles, perroquets, &c, ne font pas
moins communs. Les renards, les ours,
les caftors, les martres, les lièvres, les
lapins, font un objet intéreffant pour le
commerce de la pelleterie. Il y a à la
Louifiane des arbres fruitiers de toutes
efpèces comme en Europe, plus ou
moins felon que le terrein leur eft plus
convenable. Il y a, en outre, des chênes
rouges, blancs, verts & noirs; des frê-

nes, des cèdres blancs & rouges, des cyprès, des saffafras, des pins & des fapins. Tous ces bois font d'une bonne nature & propres à la conftruction des vaiffeaux. Il y a des mérifiers gros comme des barriques & de la hauteur des chênes les plus élevés ; ils font droits, on s'en fert pour faire des poutres & autres ouvrages de charpente. Les érables font dans la partie du nord, à peu près de la même hauteur & même groffeur. Ils ont une sève admirable & telle qu'il n'y a point de limonade, ni d'eau de cerife, qui ait fi bon goût, ni de breuvage au monde qui foit plus falutaire. Pour en tirer cette liqueur, on fait à l'arbre une entaille à laquelle on adapte un récipient. Un arbre peut rendre cinq ou fix bouteilles par jour. On fait de cette sève du fucre & du fyrop fi précieux, qu'on n'a jamais trouvé de remède plus propre à fortifier la poitrine. Les ceps des vignes embraffent les arbres jufqu'au fommet, fi bien qu'il femble que

les grappes foient la véritable production
de ces arbres, tant les branches en font
couvertes. En quelques endroits, quoique le grain foit petit faute de culture,
il eft d'un très-bon goût. Mais vers le
Miffiffipi, la grappe eft longue & groffe,
& le grain de même ; on en a fait du vin,
qui, après avoir cuvé, s'eft trouvé de la
même douceur & qualité que celui des
Canaries. Il y a des bouleaux d'une
groffeur extraordinaire ; c'eft avec l'é-
corce de ces arbres que les fauvages font
des canots, quand ils n'en ont point de
peaux de bœufs. On fait de petites cor-
beilles fort jolies avec l'écorce de jeunes
bouleaux. On en peut auffi faire des livres, dont les feuilles font auffi fines que
du papier. Les pins font extrêmement
hauts, droits & gros ; on s'en fert à faire
des mâtures ; on prétend qu'il y en a
d'affez grands pour mâter d'une feule
pièce les vaiffeaux de premier rang.
Les épinettes, efpèce de pins dont on fe
fert pour la charpente, rendent une

gomme d'une odeur égale à celle de l'en-
cens. La peruffe, avec laquelle les Ca-
nadiens font une boiffon qui leur tient
lieu de biere, eft tout-à-fait propre à
conftruire des vaiffeaux ; cet arbre eft
le plus propre pour cet ufage , parce
qu'il eft plus ferré , que fes pores font
plus condenfés , & qu'il s'imbibe moins
que les autres. L'arbre cirier eft un des
plus grands biens dont la nature ait en-
richi la Louifiane. Son fruit, qui vient
par bouquets , eft renfermé dans un
noyau tout couvert de cire ; il eft en
grande quantité, & d'autant plus aifé à
cueillir , que le bois eft extrêmement
fouple : il vient à l'ombre des autres arbres auffi bien qu'au foleil, dans les lieux
aquatiques comme dans les terreins fecs,
& dans les pays chauds comme dans les
froids. Car, quoiqu'il croiffe en abondance aux environs de la nouvelle Orléans,
qui eft par les trente degrés , il vient
également bien fort avant dans le nord.
On affure qu'il y en a dans le Canada,

pays auffi froid que le Danemark. La cire que cet arbre produit, eft de deux qualités ; la première fe vend, dans les îles, cent fous; & la feconde, quarante. Cette cire dure beaucoup plus long-tems que celle de France, ce qui fait qu'on la préfère à celle-ci, qui s'amollit à la chaleur de ces endroits, & ne dure pas plus que de la chandelle ordinaire. L'eau qui a fervi à fondre cette cire, n'eft rien moins qu'inutile ; elle a reçu de ce fruit une vertu fi aftringente, qu'elle durcit le fuif que l'on y fait fondre, au point que la chandelle qu'on en fait eft auffi ferme, auffi dure que la bougie de France. Cette même vertu la rend un fpécifique admirable pour la dyffenterie, fes effets font plus certains que ceux de l'ipéca-cuana. Le falpêtre eft fort commun à la Louifiane, on peut donc y faire de la poudre comme en France. A en juger fur les rapports des naturels, les îles du Ja-pon, ne font pas éloignées de la Loui-fiane, puifque les Japonois viennent tous les ans; au commencement de l'été, avec des pirogues, y faire du bois pour la teinture. On peut voir, par ce que je viens de dire de la Louisiane, qu'elle réunit les plus grands avantages. Il y a du grain, des fruits, des légumes, de la viande, du gibier, du poisson, & tout ce qui peut contribuer au bonheur de la vie. Le climat y est tempéré; on y respire un air si pur, qu'on n'y est presque jamais malade. Souvent même ceux qui y arrivent avec quelque maladie, guérissent sans faire usage d'aucun remède. Nous allons maintenant voir ce qu'il faudroit faire pour tirer bientôt tout le parti dont ce bon pays est susceptible.

SECONDE PARTIE.

Apperçu des moyens à employer pour tirer parti de la Louisiane.

LES colonies méritent la plus grande attention de la part du Gouvernement : elles sont nécessaires pour la consommation des productions du sol & des manufactures de la France. Ainsi on peut dire, point de manufactures sans colonies ; mais point de colonies sans bras. Car, quoique le sol des colonies soit en général fertile & naturellement productif, il ne donne cependant rien sans culture : il y faut donc des bras, & même beaucoup, si on veut en tirer le parti dont elles sont susceptibles. Ainsi pour mettre promptement en rapport le vaste et immense terrein de la Louisiane, il me semble que le Gouvernement, qui doit étendre ses vues non-seulement sur le présent, mais encore sur l'avenir ; &

ne confidérer que le bien général, faifant abftraction des avantages ou des
défavantages de quelques particuliers,
confidérant que les Africains font les
feuls qui puiffent vaquer aux travaux
de Saint-Domingue & des autres colonies chaudes de la République ; que la
traite devient de jour en jour plus difficile, & que la Louifiane étant dans une
zône tempérée, les blancs peuvent y
travailler comme en France, devroit
défendre d'y importer dans la fuite aucun nègre, & y faire paffer d'Europe
le plus de blancs poffible : faciliter le
tranfport à tous ceux qui voudroient y
paffer de bonne volonté, fur-tout aux
cultivateurs, aux gens faits à la fatigue,
aux travaux de la campagne & entendus
dans l'éducation du bétail ; aux char-
pentiers & menuifiers ; tirer des hôpi-
taux de France de jeunes enfans de l'un
& l'autre sèxe, âgés d'environ dix ou
douze ans ; les faire paffer à l'hôpital de
la nouvelle Orléans, qui leur ferviroit

de dépôt , où on les feroit travailler
pendant quelque tems , jufqu'à ce que
quelques cultivateurs ou pafteurs viennent en demander au directeur de l'hôpital , bien entendu qu'on ne les don-
neroit qu'à des perfonnes qui en auroient
foin & qui , en tems & lieu , pourvoi-
roient à leurs établiffemens. On aura
l'attention de ne les faire paffer qu'à
tems convenable, parce que vers les fol-
ftices & les équinoxes , il règne prefque toujours fur les côtes des vents qui
occafionnent beaucoup d'avaries & fouvent des naufrages, qu'on éviteroit avec
un peu plus de précaution ; & aux tro-
piques , on trouve fréquemment en prai-
rial des calmes fi grands qu'on ne fait
quelquefois pas une lieue en quinze ou
vingt jours. Il faudroit auffi autorifer les
capitaines de navires, à faire, à la Louifiane, ce que les Anglais font à la nouvelle Angleterre avec les Irlandais. Les
capitaines les prennent à leurs bords, les
nourriffent pendant la traverfée; arrivés

dans un port, ils s'arrangent avec les habitans qui les indemnifent de leurs dé-
penfes ; & ces Irlandais fervent gratis
ces maîtres pendant trois ou quatre ans,
à proportion de la dépenfe qu'ils ont
faite pour eux. C'eft ce qu'on appelle
des trente-fix mois. Voilà ce qu'il faudroit faire pour y introduire des blancs :
& voici ce qu'il convient de faire pour
y introduire des noirs, fi toutefois on
veut en tolérer l'introduction. Car pour
rétablir le bon ordre & maintenir long-
tems la paix & la tranquillité dans les
colonies, & en tirer le parti dont elles
font fufceptibles, il eft inftant que le
Gouvernement s'en occupe & faffe un
bon réglement, pour que la traite fe faffe
avec équité en Afrique, & que les nègres
foient traités avec humanité dans nos
colonies. Pour cela il faut extraire du
code noir ce qu'il y a de meilleur concernant le coucher, l'habillement & la
nourriture des efclaves en général, & le
traitement des négreffes enceintes, des

enfans & des malades en particulier.
Accorder indiftinctement à tous, deux
jours par femaine, favoir, le famedi
pour cultiver des vivres & fe procurer
des douceurs, & le dimanche, pour les
exercices de la religion & pour quelques
petits travaux dans l'intérieur de leurs
câfes. Accorder la liberté à tous les efclaves, à l'âge de cinquante ans, jugés
fur l'extrait baptiftère des créoles (1), &
pour les dandas (2) par l'eftime du com-
miffaire du Gouvernement, du juge de
paix, de l'officier de fanté du canton, &
du curé de la paroiffe, affemblés à cet
effet deux fois par an. Aux négreffes qui
auront mis au monde dix enfans, à ceux
qui auront fait quelques belles actions,
ou rendu quelque fignalé fervice à l'Etat.
Les libres feront la police & le fervice
de la gendarmerie ; ils veilleront, fous
l'infpection d'un commandant blanc, au
maintien du bon ordre dans leurs can-
tons refpectifs. C'eft le moyen le plus fûr

(1) Nés dans les colonies. (2) Apportés d'Afrique.

pour conferver les colonies & y maintenir la fubordination. Si ce réglement
eft adopté, & fidèlement exécuté, toutes
nos colonies fe repeupleront bien vîte ;
nous en tirerons le meilleur parti poffible, fans être obligé de recourir à l'A-
frique pour avoir des cultivateurs, ce
qui fera tout à la fois très-avantageux à
l'Etat, aux propriétaires & aux efclaves
dont le fort fera moins dur. A ces conditions, je fuis fûr d'une grande & prompte
population, & d'une parfaite réuffite
dans toutes nos colonies. Dans les colonies où il y a du terrein à concéder,
le Gouvernement donnera cinq quarrés
de terre à chaque nègre libre. Ceux qui
n'auront aucune profeffion, & qui fans
caufe légitime, ne cultiveront pas an-
nuellement, felon les règles de l'agriculture, un quarré, tâche ordinaire des
nègres, feront privés du droit de colons
& obligés de s'engager au fervice d'un
propriétaire, & travailler pour lui, à
raifon de tant par jour, par femaine, par

mois

mois ou par an, felon les conventions faites librement entre enx. Outre la culture d'un arpent planté en productions coloniales les plus convenables au fol, chaque perfonne de couleur libre fera autour de fa câfe, ou à proximité, un abatis pour des vivres du pays; il y mettra en outre quelques pieds d'arbres pour fe procurer des douceurs & réunir l'agréable à l'utile. Dans les colonies où il n'y aura point de terrein à concéder, le Gouvernement fera paffer les libres fans profeffion & inutiles au fervice, dans la Louifiane, ou la Guiane, où on leur en donnera. Les infpecteurs agens du Gouvernement tiendront exactement la main à l'exécution de ce réglement, & veilleront fcrupuleufement à ce qu'aucun cultivateur ne néglige fes plantations, parce que les climats chauds portant naturellement à l'apathie & à l'indolence, & les reffources pour la vie & l'habillement étant abondantes; la plûpart refteroient dans l'inaction, s'il

n'y avoit une espèce de contrainte, &
s'ils n'étoient astreints à la culture d'une
certaine portion de terre, & devien-
droient bientôt mauvais sujets, l'oisive-
té étant l'ennemie de toutes les vertus
& la mère de tous les vices. Il n'est pas
nécessaire de recommander de placer les
nouveaux établissemens dans les lieux
les plus convenables & réunissant le plus
d'avantages, on le fait assez. Pour réus-
sir plus sûrement on nommeroit un officier de santé, un ingénieur agraire, &
quelques anciens colons experts dans la
connoissance du sol, pour faire choix
des lieux ; le choix fait, il faudroit, un
an d'avance, abattre le bois pour donner
au soleil le tems d'attirer & dissiper les
exhalaisons malsaines des endroits nou-
vellement défrichés. Dans cet intervalle
on construiroit les maisons pour les nouveaux colons, à qui on fera pendant
dix-huit mois les avances des vivres ; &
à ceux qui seront dessus les lieux destinés à l'éducation du gros bétail, on leur

donnera en outre en prêt , pour huit ou neuf ans , six mères vaches ou genisses , qu'ils remettront au bout de ce tems , en même nature & même quantité, pour être données aux mêmes conditions à d'autres nouveaux colons. Pour attirer les mères aux parcs, & les affranchir avec leurs petits , il faudroit tirer de France du trèfle , du sain-foin , de la luzerne , &c : il seroit aussi fort utile de naturaliser dans le pays des plants d'arbres de toutes les parties du monde autant qu'il seroit possible. Avoir pour cela à la nouvelle Orléans un jardin où on mettroit ces arbres étrangers avec les simples du pays, qui ont le plus de vertu & de propriétés ; cela seroit d'une grande utilité au bien général.

Moyens de peupler en peu de tems la Louisiane.

Pour mettre promptement en valeur le vaste & immense terrein de la Louisiane, & en tirer le parti dont elle est fufceptible, il faudroit établir des haras, des ménageries, élever du bétail dans les prairies, & former des établiffemens de cultures dans les endroits boifés ; en cela on ne feroit que fuivre l'indication de la nature. Cela n'empêcheroit pas d'avoir du bétail dans les lieux deftinés à la culture, ni de faire des plantations dans ceux deftinés à élever du bétail. Chacun eft maître de fes volontés, pourvu qu'elles ne foient pas contraires à la loi, ni préjudiciables à autrui; mais les cultivateurs doivent être favorifés & privilégiés dans les lieux deftinés à la culture, & les pafteurs dans ceux deftinés à élever du bétail. Par là on évitera les difcúffions entre les cultivateurs & les pafteurs ; ils ne feront pas ifolés & éloignés les uns des autres, hors d'état de fe prêter les fecours mutuels dont les hommes ont réciproquement befoin.

Les naturels peuvent contribuer à la population & à l'établiffement de l'intérieur des terres de la Louisiane. Ce qui se passe dans plusieurs provinces du nouveau monde, où les Espagnols ont des établissemens, en est une preuve. Dans la Guiane Française, où j'ai été pendant vingt-deux ans en qualité de Missionnaire-Préfet-Vicaire-Apostolique, nous avions formé plusieurs missions à Saint-Paul, à Conani, à Ouassa & à Makari, cette dernière étoit composée d'environ quatre cents Indiens, qui avoient quitté leur costume & adopté l'habillement français. Ils étoient fort industrieux, actifs & laborieux ; ils faisoient la pêche du lamantin dans les lacs ; ils cultivoient beaucoup de vivres qu'ils venoient vendre à Caïene ; ils construisoient des pirogues, des canots, & autres embarcations, qu'ils vendoient dans toute l'étendue de la colonie. On réussiroit peut-être à civiliser les sauvages de l'Amérique septentrionale comme ceux de la méridionale, si on établissoit chez eux des missions comme font les

les Espagnols. Dans les circonstances ac-
tuelles, le Gouvernement ne peut guères
se dispenser d'y envoyer de bons prêtres,
des prêtres sages & prudens, ayant bien
l'esprit de leur état ; s'il ne veut pas le
faire par un motif de religion, il doit
le faire par intérêt & par politique ; ils
sont plus utiles & même plus nécessaires
au maintien du bon ordre parmi les citoyens, au milieu des vastes & immen-
ses forêts, que des milliers de bayon-
nettes & des bataillons armés. Pendant
que j'étois dans la Guiane j'ai seul con-
tenu dans le devoir, ramené & remis à
leurs maîtres, par la voie de la persua-
sion, de la douceur & de la religion,
plus de nègres fugitifs & marons, que
tous les détachemens & gendarmes ensemble depuis l'établissement de la colonie : le citoyen Lescallier, conseiller
d'Etat, qui en étoit alors ordonateur,
en a été témoin. On a beau dire, il faut
une religion aux peuples ; l'expérience
de tous les tems & de tous les lieux en

démontre la néceffité ; s'ils n'en ont pas
une bonne, une vraie , ils s'en feront
une mauvaife, une fauffe ; ils donneront
dans la plus groffière fuperftition. Plus
ils font ignorans , charnels & groffiers,
plus ils en ont befoin. Ce frein a toujours été le moyen le plus facile , le
moins difpendieux , & en même tems le
plus sûr pour les contenir. Une bonne
éducation religieufe adoucit les mœurs,
bonifie & améliore les caractères , huma-
nife les hommes , & les rend plus aptes
à ce à quoi on les deftine , & à ce qu'on
attend d'eux. Les fauvages peuvent être
d'une grande utilité pour la chaffe , la
pêche , l'agriculture & le commerce de
la pelletrie ; & d'un grand fecours en cas
de guerre avec l'Angleterre. Les Français ne doivent par conféquent rien négliger pour les gagner , & fe les attacher.
Ils font défintéreffés, hofpitaliers , bien-
faifans , robuftes & infatigables ; mais fi
jaloux de leur liberté , qu'ils préfèrent
la mort à l'efclavage. Ils connoiffent

B 4

beaucoup de simples d'une grande utilité, & favent en faire ufage pour la
guérifon des maladies, dont ils font
quelquefois mais rarement attaqués. Le
moyen le plus sûr pour les attirer &
gagner leur amitié, eft d'être loyal,
franc, droit & jufte à leur égard; quand
une fois on les a trompés & perdu leur
confiance, il eft difficile de la regagner.
Ils ne réfiftent guères à de petits préfens, comme haches, houes, ferpes, cou-
teaux à gaine, cifeaux, miroirs, éguil-
les, raffades, fers pour armer leurs flé-
ches, poudre, plomb & fufils. Mais il
faut faire ces préfens avec prudence,
prendre garde de ne pas leur mettre en
main des armes dont ils pourroient fe
fervir contre nous; n'en donner qu'aux
chefs & à ceux qui auroient bien méri-
té de la nation françaife, & dont la façon
de penfer, & l'attachement feroient bien
connus. L'eau-de-vie a pour les Indiens
un fi grand attrait, qu'ils ne peuvent pas
tenir contre; mais cette boiffon les rend

furieux quand ils font ivres. Un autre bon moyen pour bien cimenter & confolider l'alliance entre les deux peuples, feroit de les bien recevoir, les traiter comme les Français ; accorder des gratifications à ceux qui fe marieroient avec des Françaifes, & aux Indiennes qui épouferoient des Français. Leur donner du terrein, leur faire les avances des inftrumens aratoires, comme houes, ferpes, haches, pioches, &c. Par-là je ne défefpère pas de les voir bientôt réunis, & former des communes comme en France. Il y a dans l'Amérique feptentrionale plus de cinquante nations différentes d'Indiens qui ont chacun leur langage particulier ; mais tous ces idiômes fe réduifent à deux principaux, dont tous les autres font dérivés. Ces deux mères langues font la hurone & l'algonkine ; avec ces deux langues on entend & on eft entendu dans toute la partie feptentrionale du nouveau monde. Ces nations fauvages font les Algonkins, les Eski-

maux, les Hurons, les Abénakis, les
Micmack, les Illinois, &c. Pour la faci-
lité de ceux qui font, ou qui veulent
paffer à la Louifiane, & commercer avec
les Indiens & des Miffionnaires, je don-
nerai un petit dictionnaire de la langue
la plus univerfelle de l'Amérique feptentrionale, & qu'on parle le plus dans les
environs de la nouvelle Orléans.

*Moyens sûrs de connoître & tirer bien-
tôt avantage du vafte pays de la
Louifiane.*

Pour bien connoître les terres de la
Louifiane, & tirer le plutôt poffible parti & avantage de fes riches & précieufes
productions, il faudroit que le Gouvernement les fît parcourir & examiner par
deux ingénieurs géographico-minéralo-
giftes, deux botanico-chimiftes, deux
deffinateurs, & quelques autres connoiffeurs. Je dis deux, parce que fi l'un tombe malade, il en refte un autre pour

opérer. Il faudroit qu'il tirât le plutôt possible les hommes de l'état de brute, & les fît passer à celui d'êtres raisonnables, en établissant des écoles avec de bons instituteurs : des frères & sœurs de charité seroient très-utiles pour soigner les malades & instruire les enfans. L'éducation de la jeunesse & l'instruction des ignorans, font de la plus grande importance. C'est le meilleur moyen pour inspirer l'amour de la patrie, & le plus efficace pour procurer le bien public. Les jeunes gens font comme une cire molle, à laquelle on donne aisément l'empreinte qu'on veut; ce font de jeunes plantes qu'on tourne facilement, & qu'on dresse à sa volonté. Ainsi donc, étant destinés à devenir un jour les défenseurs de la patrie, le soutien de l'Etat, & à faire le bonheur de la société, on ne doit rien négliger pour leur instruction. Il y a tant de bons auteurs dans les différentes bibliothèques de la République, on devroit en faire passer dans le nouveau

monde, y monter des collèges, des bibliothèques ; établir dans chaque chef-
lieu de colonie, un inftitut d'agriculture, dont les membres feroient des mé-
moires fur la nature du fol, fur le genre
de culture qui lui convient, & fur la
maniere de travailler la terre, de mul-
tiplier & manipuler fes productions. Par
là on accéléreroit les progrès de fciences dans le nouveau monde, on mettroit
en peu de tems les citoyens en état de
faire des découvertes utiles & avanta-
geufes, non-feulement à la colonie, mais
encore à toute la nation, & de faire un
commerce confidérable avec le Mexique
& toute l'Amérique feptentrionale.

D'après ce fimple expofé, il eft aifé
de voir ce que la Louifiane eft en elle-
même, & les grands avantages en tous
genres qu'on peut tirer de ce vafte continent. On peut y établir avantageufe-
ment plufieurs millions d'habitans ; y
élever une prodigieufe quantité de bétail de toutes efpèces, qui feroient d'une

grande reſſource pour toutes nos autres colonies. Y faire conſtruire, à peu de frais, des vaiſſeaux, comme les Anglais font à la Caroline, ayant les bois, le goudron, le chanvre, & tout ce qui eſt néceſſaire pour cela. Ce vaſte pays ſi avantageuſement placé, & qui peut être d'un ſi grand ſecours en hommes & en vivres, pour nos colonies des Antilles, & pour la France, mérite l'attention & des égards de la part du Gouvernement.

Concernant le commerce.

C'EST un bonheur pour la République Françaiſe, que la récupération de la Louiſiane ; elle ne trouve dans ſes terres ni l'or ni l'argent du Mexique & du Pérou, ni les pierreries ni les étoffes des Indes ; mais elle y trouvera, quand elle voudra, des mines de fer, de plomb & de cuivre : elle y poſsède un ſol fertile, qui ne demande qu'à être mis en valeur, pour produire non-ſeulement tous les

fruits néceffaires & agréables à la vie;
mais encore toutes les matières fur lef-
quelles l'induftrie humaine eft obligée de
s'exercer pour fournir à nos befoins. Ce
que j'ai dit de la Louifiane a dû la faire
connoître affez fenfiblement; mais pour
raffembler le tout avec ordre & fous un
même point de vue, je vais rapporter
tout ce qui concerne le commerce de
cette province.

Marchandifes que la Louifiane peut
fournir en retour de celles d'Europe.

LA France peut tirer de cette colonie
plufieurs fortes de pelleteries qui ont
leur mérite; les naturels favent la ma-
nière de les apprêter avec la cervelle de
la bête même, & les gens du métier connoiffent les moyens de les préferver des
mittes à la nouvelle Orléans où il fait
chaud.

Les cuirs de bœufs fecs méritent attention. On peut faire des falaifons de

viande ; fondre le suif pour faire de la chandelle ; il y aura peut-être quelques tanneurs qui apprêteront les peaux : il y a des taureaux qui sout si gras , qu'ils ont peine à marcher. On tireroit de chacun environ cent livres de graisse. Nous ne serions plus obligés de faire passer notre argent en Irlande pour en avoir.

Les peaux de chevreuils, qui prennent à Niort, où on les apprête, le nom de peaux de daim.

L'arbre cirier produit de la cire qui, étant beaucoup plus séche que celle des abeilles, supporte plus d'alliage, qui ne l'empêche pas de durer plus que la cire des abeilles.

Les îles tirent aussi de la Louisiane des bois pour bâtir ; qui empêcheroit le Gouvernement de profiter de la beauté , de la bonté & de la quantité des bois de ce pays ? La quantité invite à y bâtir des arsenaux pour la construction des vaisseaux ; si on ne vouloit pas les faire ex-

ploiter, on auroit des habitans les bois
à bon marché, parce qu'ils les exploi-
teroient en hiver, qui eft un tems où on
ne fait prefque rien ; ce travail d'ailleurs
défricheroit en même-tems leurs terres.
La mâture fe trouveroit auffi dans le
pays, au moyen de la multitude de pins
que la côte produit ; par la même raifon le goudron y feroit commun. Pour
le bordage des vaiffeaux, le chêne ne
manque pas ; mais ne feroit-on point
de bons bordages avec du cypre ? Ce
bois eft, à la vérité, plus tendre que le
chêne ; mais il a des qualités qui fur-
paffent celles du chêne : il eft léger, il
n'eft point fujet à fe fendre de lui-même
ni à fe courber ; il eft fouple & fe tra-
vaille aifément ; enfin il eft incorrupti-
ble à l'air & dans l'eau : ainfi en faifant
les bordages plus fort qu'à l'ordinaire,
il n'y auroit rien à craindre. Ce bois ne
fouffre point de vers, il a la propriété
de les éloigner. Les autres bois convenables à la couftruction des vaiffeaux,

font auffi très - communs dans ce pays.
Il ne faudoit donc plus pour achever
des vaiffeaux que des cordages & du fer.
Le chanvre, à la Louifiane, vient fi fort,
qu'il eft plus propre à faire des cables
que de la toile. On pourroit apporter
de France les voiles & le fer, ou faire
ouvrir la mine de fer des Ecors à Prud-
homme, & établir des forges, alors on
aura commodément du fer. Le Gouvernement peut donc y faire conftruire
toutes fortes de bâtimens, à fi peu de
frais, qu'une médiocre dépenfe lui don-
neroit une flotte nombreufe. Si les Anglais conftruifent à la Caroline des vaiffeaux, dont ils tirent de grands avantages, pourquoi n'en feroit-on pas de
même à la Louifiane ? On n'a pas befoin d'exemples pour faire des chofes fi
évidemment bonnes. Je n'infifterai pas
davantage fur un objet fi intéreffant pour
le bien-être de la République, & pour le
commerce de fes fujets.

Le falpêtre eft commun à la Louifiane,

on peut par conféquent y faire de la poudre à peu de frais.

Quel commerce ne peut-on pas faire
avec la foie ? Les mûriers rouges &
blancs y viennent naturellement , & les
vers , fuivant les expériences qui en
ont été faites, font plus de foie qu'en
France.

Les terres de la Louifiane font très-
propres à la culture du fafran , & le climat contribueroit à en faire en grande
abondance. Les Efpagnols du Mexique ,
qui en font une grande confommation ,
le feroient valoir un bon prix.

Le chanvre vient naturellement bien
dans ce pays ; que feroit-ce donc fi on
le cultivoit ? Le terrein & le climat lui
conviennent.

Le coton eft auffi un des bons objets
de commerce ; la culture n'en eft point
difficile.

L'indigo de la Louifiane eft , felon les
connoiffeurs, au moins auffi beau que
celui des îles ; il eft même plus cuivré.

Le tabac de cette colonie eſt parfait, il peut devenir une branche de commerce lucratif.

Le riz peut auſſi faire une belle partie de commerce. Pourquoi tirer de l'étranger ce que l'on peut avoir de ſes compatriotes à meilleur marché ?

On peut ajouter à ce commerce quelques drogues propres à la médecine & à la teinture. Le pays produit le ſaſafras, la ſquine, la ſalſepareille, le baume de copalm, dont les vertus bien connues ſauveroient la vie à un grand nombre de perſonnes ; la graiſſe d'ours eſt excellente pour guérir les douleurs de différens rhumatiſmes.

Pour la teinture, le bois aïac pour le jaune, & l'achetchi pour le rouge. Telles ſont les marchandiſes qui peuvent être un objet de commerce de cette colonie avec la France.

Commerce de la Louisiane avec les Iles.

ON emporte de cette colonie aux îles des bois équarris pour bâtir ; on y emporte souvent des maisons toutes taillées & marquées, prêtes à monter en arrivant dans l'endroit de leur destination ; des bardeaux pour les couvrir, des planches, des haricots, des pois, des fèves, du maïs et du riz, &e. &c.

Commerce avec les Espagnols.

LES Espagnols apportent à la Louisiane, quand on leur demande, du bois de campêche ; bois de brisillette, pour la teinture, beau cacao ; cochenille, caret, cuir tanné, maroquins, veaux tournés ; indigo, salsepareille, tabac de la Havane, vanille ; ils ont plusieurs autres choses à fort bon compte, sur lesquelles on gagneroit beaucoup, & dont on trouveroit à se défaire en Europe, avec avantage, fur-tout pour ce qui concerne la médecine. Ce que je viens de dire du commerce de la Louifiane, doit faire aifément comprendre qu'il s'augmentera à mefure que le pays fe peuplera. L'induftrie fe perfectionnera auffi. Je puis ajouter à tout ce que j'ai dit fur la Louifiane, comme un des grands avantages de ce pays, la propriété qu'ont les eaux du fleuve Saint-Louis, de rendre les femmes fécondes. Si le Gouvernement fait paffer des blancs dans cette colonie, s'il la protège, elle fera bientôt forte & nombreufe ; elle fera valoir, & tirera parti des avantages naturels du pays; & bientôt elle fera en état d'en impofer à fes voifins, & d'envoyer à fa patrie originaire, & à toutes nos îles de l'Amérique, des fecours d'hommes, de vaiffeaux, de vivres de toutes efpèces, & beaucoup d'autres chofes qui ne feront pas à dédaigner. Le fol de cette province étant excellent, & le tems tou-

plus. Cette langue n'a ni F, ni V confonne.

jours convenable, les denrées que l'on
y cultive viennent toujours à merveille.

On fera peut-être furpris de m'entendre promettre de fi belles & de fi grandes
chofes d'un pays dont on s'eft fait une
idée fi inférieure à l'Amérique efpagnole
& portugaife ; mais ceux qui voudront
réfléchir fur ce qui fait la véritable force
des états & la bonté réelle d'un pays,
changeront bientôt de fentiment, & con-
viendront qu'un pays fertile en hommes,
en productions de la terre & en métaux
néceffaires, eft infiniment au-deffus de
ceux d'où l'on tire l'or, l'argent & les
diamans, dont le premier effet eft de
nourrir le luxe & de rendre les hommes
indolens ; & le fecond, d'irriter la con-
voitife des peuples voifins. Je ne crains
donc pas d'affurer que la Louifiane bien
gouvernée, bien adminiftrée, ne tardera
pas à remplir tout ce que j'en ai avancé.

PETIT DICTIONNAIRE

DE LA LANGUE DES SAUVAGES.

DANS toute l'étendue de la Louifiane il n'y a que deux mères-langues, fa-voir, la hurone & l'algonkine. Avec ces deux langues on fe fait entendre dans tout le pays. La langue algonkine n'a ni tons, ni accens, étant auffi facile à la prononcer, qu'à l'écrire, & n'ayant point de lettres inutiles dans les mots. Elle n'eft pas abondante, non plus que les autres langues amériquaines ; car les peuples de ce continent n'ont la con-noiffance ni des arts, ni des fciences : ils ignorent les termes de cérémonies & de complimens, & quantité de verbes dont les Européens fe fervent pour don-ner plus d'énergie à leurs difcours : ils ne favent parler que pour favoir vivre, n'ayant aucun mot d'inutile & de fur-

J'ai mis à la fin quatre tems de l'indicatif du verbe *j'aime*. L'indicatif fe forme de l'infinitif, y ajoutant la note perfonnelle *ni*, qui veut dire en abregé *moi* ou *je*; tellement que *fakia* fignifie *aimer*; au lieu qu'ajoutant cette note perfonnelle *ni* à l'infinitif, on fait *ni fakia*, qui veut dire *j'aime*; il en eft ainfi de tous les autres verbes.

Il eft facile de conjuguer les verbes de cette langue, dès qu'on fait le préfent de l'indicatif. On ajoute à l'imparfait *ban*, qui fait *fakiaban*; c'eft-à-dire *j'aimois*; au parfait on met *ki* après la note perfonnelle; par exemple, *ni kifakia, j'ai aimé*; & de même au futur un *ga*, par exemple, *ni gafakia*, ou *nin gafakia, j'aimerai*. On peut faire tous les autres tems d'un verbe avec le préfent de l'indicatif, comme par exemple, *j'aimerois, ni gafakiaban*; *j'euffe aimé, ni kiofakiaban*; en un mot, quand on fait bien le préfent de l'indicatif, & les particules qu'on doit ajouter

aux

aux autres tems, on apprend cette langue en très-peu de tems. Pour ce qui
eſt de l'impératif, il ſe forme d'un *a*,
qu'on met à la tête de l'infinitif ; par
exemple, *ſakia* veut dire *aimer*, *aſakia*
veut dire *aime* ; & le plurier *aimons*
ſe fait en ajoutant *ta* à la queue de l'infinitif, par exemple, *ſakia*, *aimer*, &
ſakiata veut dire *aimons*. Il ne nous
manque plus que les notes perſonnelles,
c'eſt-à-dire, *je* ou *moi*, *ni* ou *nir* ; *tu*
ou *toi*, *kir* ou *ki* ; *il* ou *lui*, *ou* ou *ouir* ;
nous, *niraouint* ; *vous*, *kiraoua* ;
vous & nous, *kiraouint* ; *ils* ou *eux*,
ouiraoua.

A.

Abandonner ; j'abandonne, *packitan.*
Accourir, j'accours, *pitchiba.*
Admiration des sauvages, *pilaoüa.*
Agréer, plaire, *miroüérindan.*
Aider, assister, *maouineoua.*
Aiguille à coudre, *chabounican.*
Aimer, chérir, *sakia.*
Aller par eau, *himisca.*
Aller par terre, je vas, *tija.*
Anglois, *ou atsakamink dachirini.*
Appeller, nommer, *tichinika.*
A présent, *nongom.*
Arriver, j'arrive, *takouchin.*
Assez, c'est assez, *mimilis.*
Avare, *sasakissi.*
Aujourd'hui, *ningom.*
Aviron, *appoué.*
Avoine, folle avoine, *malomin.*
Avoir, *tindala.*
Autre, *coutac.*
Autrefois, *piraouigo.*

B.

Bague, anneau, *dibilinchibison.*
Bales, *alouïn.*

Barbe , *mifchiton.*
Barbue , poiffon , *malemek.*
Baril , *aoientagan.*
Bas , chaufure , *mitas.*
Batefeu , fufil , *fcoutek.*
Battre , je bats , *packité.*
Beau , *olichichin.*
Beaucoup , *nibila.*
Bien , cela eft bien , *oüeoüelim.*
Bien , & bien , & donc , *achindach.*
Bientôt , *kegatch.*
Blanc , *ouabi.*
Blé deinde , *mitamin.*
Boire , je bois , *minikoue.*
Boîteux , *kakikaté.*
Bon , *kouelatch.*
Bord , autre bord , autre côté , *ouamin.*
Borgne , *paskîngoé.*
Bouclier , *pakakoa.*
Bouillie , fuc de farine de blé d'inde , *mitami-*
    nabou.
Bouillon , jus ou fuc , *oüabou.*
Bouteille , *chichigoué.*
Boyau , *olakich.*
Brave , courageux , *fimaganis.*

.C.

Ça , or ça , *mappe.*
Cabane , *oüikioüam.*
Cachette , en cachette , *kimouch.*

C 2

Camarade , *nitché.*
Camarade (chez mon), *nitchikiaüe.*
Canard, *chichip.*
Canot, *chiman.*
Capot, *capotioüian.*
Caſtor, animal, *amick.*
Caſtor, peau de caſtor, *apiminikoüe.*
Cela, *manda.*
Celui-là, *maba.*
Cendre, pouſſière, *pingoé.*
C'en eſt fait, *chayé.*
Cerf, *micheoué.*
Chacun, *pepegik.*
Champs enſemenſés, *kittegamink.*
Changer, *miſcoutch.*
Chanter, *chichin.*
Chaſſer, je chaſſe, *kiouſe.*
Chaud, *akicatté.*
Chaudière, *akih.*
Chaudron, *akikons.*
Chef des Français, *mitigoukitchiokima.*
Chemin, *mickan.*
Chemiſe, *papakioüian.*
Chercher, *nantaouerima.*
Cheveux, *liſſis.*
Chevreuil, *aoüatkech.*
Chez moi, *entayank.*
Chien, *alim.*
Chien (petit), *alimons.*

Ciel, terre d'en haut, *fpiminkakouin.*
Combien, *tantafou* ou *tanimilik.*
Comment, *tani.*
C. *maskimout.*
Connoître, *kikerima.*
Conftruire vaiffeaux ou canots, *chimanike.*
Corps, *ïao.*
Coucher, *ouipema.*
Courage, j'ai courage, *tagoüamiffi.*
Courir, *pitchibat.*
Couteau, *mockoman.*
Couteau crochu, ferpette, *coutagan.*
Couverture de laine blanche, *ouabiouian.*
Croire, *tikerima.*
Cuiller, *mickouan.*
Cul, *mickoafab.*
Culottes, *kipokitie koafab.*

D.

D'abord, *ouibatch.*
Danfe des fauvages au fon des calbaffes, *chi-chikoue.*
Danfer, *nimi.*
Darder, terme ufité pour dire, &c., *patchi-paoua.*
Deça, en deça, *undach.*
Délibérer, réfoudre, je détermine, *tibelindan.*
Demain, *ouabank.*
Demain (après), *ouofouabank.*
Dents, *tibit.*

Dérober, *kemoutin.*

Diable, méchant esprit, *matchi manitou.*

Dieu du ciel, maître de la vie, grand esprit, être inconnu, *kitchi manitou.*

Dire, *tita.*

Dit-il, il dit, terme usité, *youa.*

Donner, *mila.*

Dormir, *nipa.*

D'où, *tanipi.*

Doucement, *peccabogo.*

E.

Eau, *nipi.*

Eau-de-vie, bouillon de feu, *scoutiouaboü.*

Ecrire, *masinaike.*

Egal, semblable, l'un comme l'autre, *tabiscouich.*

En avant, dans les bois, *nopomenk.*

Encore, *minaouatch.*

En deçà, *undachdibi.*

Endroit (un autre), ailleurs, *coutadibi.*

Enfant, petit enfant, *bilouchins.*

Ensemble, *mamaoue.*

Ensuite, *mipidach.*

Entendre, *nisitotaoua.*

Entièrement, *napitch.*

En vérité, *keket.*

Epée, *simagan.*

Esclave, *ouackan.*

Esprit, avoir de l'esprit, *nibouacka.*

Efprit, intelligence, être invifible, *manitou.*
Eftimer, confidérer, honorer, *napitelima.*
Efturgeon, poiffon, *lamek.*
Et, *gaye* ou *mipigaye.*
Et bien, & donc qu'est-ce? *taninentien.*
Etoile, *alank.*
Etonnant, c'eft étonnant, admirable, *etteoué.*
Etre, refter, *tapia.*

F.

Fâcher, je me fâche, *iskatiffi.*
Faim, j'ai faim, *puchaté.*
Faire, je fais, *tochiton.*
Faire ou tirer du feu d'une pierre, *fcoutecke.*
Faire la cuifine, faire chaudiére, *poutaome.*
Fatiguer, je fuis fatigué, *takoufi.*
Femme, *ickoue.*
Fer, *piouabik.*
Feu, *fcoute.*
Fille, *ickoueffens.*
Fils, enfant, *nitianis.*
Fort, fortereffe, *ouackaïgan.*
Fort, homme de force, *machkaoueffi.*
Fortifier, faire des forts, *ouackaïke.*
Fourche, *naffaouakouat.*
France, pays des françois, *mittigouchiouck-inda-lakiank.*
François, appellés conftructeurs de vaiffeaux, *mittigouch.*
Frère, *nicanich.*

Froid, avoir froid, *kikatch.*

Fumer, faire de la fumée, *fagaffoa.*

Fumer du tabac, *pentakoe.*

Fufil, *paskifigan.*

G.

Gagner au jeu, *packitan.*

Garder, conferver, *ganaouerima.*

Gèle, gèle fort (il), *kiffina-magat.*

Geler, *kiffin.*

Gens, peuples, *irini.*

Gouverner, difpofer, *tiberima.*

Gouverneur général, *kitchi okima, fumaganich.*

Graiffe, *pimite.*

Grand en mérite, courage, *kitchi.*

Grand, haut, *mentitou.*

Guerre, *nantobali.*

Guerriers, *nantobalitchik.*

Guerroyer, faire la guerre, *nantoubalima.*

H.

Hache grande, *agackouet.*

Hache petite, *agackouetons.*

Haïr, abhorrer, *chinguerime.*

Haut, en haut, *fpimink.*

Herbe, *miask.*

Hier, *pitchilago.*

Hiverner, paffer l'hiver, *pipounichi.*

Hiver, *pipoun.*

Homme, *alifinape.*

Honorer, *matkaouala.*
Hurons, peuples, *nadouck.*

I.

Jamais, *kaouicka.*
Jaûne, *ouzao.*
Ici, *achonda* ou *achomanda.*
Jéfuite, robe noire, *mackate, ockola.*
Jetter, abandonner, quitter, *oucbinan.*
Jeune, *ouskinckiffi.*
Impofteur, *malatiffi.*
Incontinent, *ouibatch.*
Joli, propre, *fafega.*
Jouer, *packigoue.*
Jour, un jour, *okonogat.*
Iroquois, au plurier, *matchinadouack.*
Ifle, *minis.*
Ifle peninfule, *miniffin.*
Ivre, fou, ivrogne, *ouskouebi.*

L.

Là, par-là, *mandadibi.*
Là loin, par-là haut, *ouatfadibi.*
Lac, grand lac, *kitchigamink.*
Laiffer, *packitan.*
Langue, *outon.*
Las, je fuis las, *takoufi.*
Lettre, *mafinaygan.*
Libéral, *oualatiffi.*
Lièvre, *ouapous.*
Loin, *ouatfa.*

Long tems, il y a long-tems, *chachayé.*
Loup, *mahingan.*
Loutre, *nikik ;*
Lumière clareté, *vendao.*
Lune, astre de la nuit, *débikat ikifis.*

M.

Maîtreffe, amie, *nirimoufens.*
Mal, cela va mal, n'eft pas bon, *napitch malat.*
Malade, *outineous.*
Male, *nape.*
Malicieux, fourbe, qui a le cœur mauvais, *ma-latchitehe.*
Manger, *ouiffin.*
Marchandifes, *alokatchigan.*
Marcher, *pimouffe.*
Mari, époux, *napema.*
Marier, prendre femme, *ouiouin.*
Mauvais, parlant des iroquois, *malatiffi.*
Médecine, breuvage, *maskikik.*
Mer, grand lac fans bornes, *agankitchigaminck.*
Miroir, *ouabemo.*
Moitié, *nabal.*
Mort, *nipouin.*
Moucher la chandelle, attifer le feu, *ouafacolen damaua.*
Mourir, je me meurs, *nip.*

N.

Nâger, ramer, *tapoué.*

Naviguer, *pimisca.*
Nez, *yach.*
Noir, *mackate.*
Non, nenni, *ka.*
Nouvelles, apporter nouvelles , *tépatchimoukan.*
Nuit, *debikat.*

O.

Oiseau , *pilé.*
Orignal, élant , *makons*
Orignal , jeune et petit , *manichich.*
Où , *ta.*
Où est-il ? *tanipi-api.*
Où vas-tu ? *taga kitiia.*
Où viens-tu (d') ? *tanipi-indayenk.*
Oui , *mi* ou *mincouti.*
Oui, sans doute , *ant* ou *sankema.*

P.

Pain , *pa bouchikan.*
Paix, *peca.*
Paix (faire la), *pecatchi.*
Pandant que, *megoatch.*
Parce que, *mioüinch.*
Parent, *taouema.*
Paresseux, *kittimi.*
Parler, *galoula.*
Part, en quelque part, *ta nipi.*
Pas encore, *kamaschi.*
Payer, *tipaham.*
Pays , *endalakian.*

Peau, *packikin*.

Peine, être en peine, *talimiſſi*.

Penſer, *tilelindan*.

Pere, mon pere, *noufcé*.

Perdre au jeu, *packilague*.

Perdrix, *pileſioue*.

Perſonne, *kagouetch*, ou *caoüia*.

Perſuaſion, *tirerigan*.

Petit, *ouabiloucheins*.

Peu, *me mangis*.

Pierre, *aſſin*.

Pile mortier de bois à piler du blé d'inde, *poutagan.*

Pipe, chalumet, *poagan*.

Piſſer, *minſi*.

Pitié, avoir pitié, *chaouerima*.

Plat, d'erable, *foule mickoan*.

Plein, *mouskinet*.

Pluie, *kimiouan*.

Poil des animaux, *pioüel*.

Point du tout, *kagouetch*.

Point du tout, *kamamenda*.

Poiſſons, *kikons*.

Poiſſons blancs, *attikamek*:

Porcelaine, grain de raſſades, *aoüiés*.

Portage, *cappatagan*.

Porter, *pitou* ou *pita*.

Poudre à tirer, *pingoe mackata*.

Pourquoi? *taninentien?*

Pourſuivre, *nopinala*.

Prendre, *takounan.*
Prier Dieu, *talamia kitchi manitou.*
Printems, *mirockamink.*
Proche, *pechouetch.*
Propre, *fafega.*
Puis, enfuite, *mipidach.*

Q

Qui-est-ce ? *ouaneouinë ?*
Qui est celui-la ? *ouaneouiné maba ?*
Qu'y a-t-il ? *kekouanen ?*

R

Racine, *ouftikoues.*
Raifin, *chœmin.*
Raifon, avoir raifon, *tepoa.*
Regarder, *ouabemo.*
Regretter, *goüiloma.*
Renard, *outagami.*
Rencontrer, *nantouneoua.*
Repofer, *chinkichin.*
Respecter, *talamika.*
Rien, *kakegou.*
Rire, *papi.*
Rivière, *fipin.*
Robe, *ockola.*
Rouge, *mifcoue.*
Rouge, poudre, *oulamar.*

S

Sable, *negao.*

Sac. *maskimout.*
Sachet à tabac, *caspitagan.*
Saluer, *mackoaula.*
Sang, *mifcoue.*
Sans doute, *antetatouba.*
Savoir, *kikerindan.*
Soldat, *fimaganich.*
Soleil, *kifis.*
Songer, penfer, *tilelindan.*
Souliers, *mackifin.*
Suer, *matoutou.*

T.

Tabac, *fema.*
Taffe d'écorfe, *oulagan.*
Tems, il y a long-tems, *chachaye paraouigo.*
Terre, *acke* ou *ackouin.*
Tête, *onfiikouan.*
Tiens, prends, *emanda.*
Tomber, *pankifin.*
Toujours, *kakeli.*
Tourterelle, *mimi.*
Tous, *miffouté.*
Tout, *kakina.*
Tout par-tout, *alouch bogo.*
Très-fort, *magat.*
Trifte, être triste. *talimiffi.*
Trop, *offam.*
Trop peu, *offame mangis.*

Troquer, *taiaouan.*
Trouver, *nantouneoua.*
Tuer, *niſſa.*

V

Valeur, c'est de valeur, de conſéquence, *arimat.*
Vaiſſeau ou grand canot, *kitchi ciman.*
Venir, *pimatchat.*
Vent, *loutin.*
Ventre, *miſchimout.*
Vérité, en vérité, *keket.*
Verſer, *ſibikinan.*
Viande, *oüias.*
Vie, *noutchimoüin.*
Vieux, *kiouechins.*
Village, *oudenanc.*
Vin, jus de raiſin, *chœmin abou.*
Viſiter, *pimaetiſſa.*
V... *patchagon.*
Vite, *ouelibik.*
Vivre, *noutchimou.*
Voler, dérober, *kimoutin.*
Voila, qui est bien, *oueouelim.*
Voir, *ouabemo.*
Vouloir, *ouiſch.*

Y

Yeux, *ouskinchic.*

Je me contente de mettre ici ſeule-
ment, les quatre tems de l'indicatif d'un

feul verbe, fur quoi on pourra fe régu..
pour tous les autres.

Aimer, *fakia.*

PRÉSENT.

J'aime, *nifakia.*
Tu aimes, *kifakia.*
Il aime, *ou fakia.*
Nous aimons. *ni fakiamin.*
Vous aimez, *ki fakiaoua.*
Nous & vous aimons, *ki fakiaminaoua.*
Ils aiment, *fakiaouak.*

IMPARFAIT.

J'aimois, *ni fakiaban.*
Tu aimois, *ki fakiaban.*
Il aimoit, *ou fakiaban.*
Nous aimions, *ni fakiaminaban.*
Vous aimiez, *ki fakiaouaban.*
Nous & vous aimions, *ki fakiaminaouaban.*
Ils aimoient, *fakiabanik.*

PARFAIT.

J'ai aimé, *ni kifakia.*
Tu as aimé, *ki kifakia.*
Il a aimé, *ou kifakia.*
Nous avons aimé, *ni kifakiamin.*
Vous avez aimé, *ki kifakiaoua.*
Nous & vous avons aimé, *ki kifakiaminaoua.*
Ils ont aimé, *kifakiaouak.*

FUTUR.

J'aimerai, *nin gafakia.*
Tu aimeras, *ki gafakia.*
Il aimera, *ou gafakia.*
Nous aimerons, *nin gafakiamin.*
Vous aimerez, *ki gafakiaoua.*
Nous & vous aimerons, *ki gafakiminaoua.*
Ils aimeront, *gafakiaouak.*

IMPÉRATIF.

Aime, *afakia.*
Aimons, *afakiata.*

A l'égard des noms, ils ne fe déclinent point, le plurier fe forme d'un *k*, qui finit en voyelle à la fin du mot. Par exemple, *alifinape*, qui fignifie un homme, on dit au plurier *alifinapek*, c'eft-à-dire, des hommes; & s'il s'achève par une confonne, on n'a qu'à ajouter *ik*; par exemple, *minis*, fignifie une île; pofant *ik* à la fin, on trouve *miniffik*, qui font des îles. De même que *paskifigan*, qui fignifie un fufil au fingulier, & *paskifiganik*, des fufils au plurier.

Manière de compter des Algonkins.

Un, *pegik.*
Deux, *ninch.*
Trois, *niſſoue.*
Quatre, *néou.*
Cinq, *naran.*
Six, *ningoutouaſſou.*
Sept, *ninchouaſſou.*
Huit, *niſſouaſſou.*
Neuf, *changaſſou.*
Dix, *mittaſſou.*
Onze, *mitaſſou achi pegik.*
Douze, *mitaſſou achi ninch.*
Treize, *mitaſſou achi niſſoue.*
Quatorze, *mitaſſou achi néou.*
Quinze, *mitaſſou achi naran.*
Seize. *mitaſſou achi ningoutouaſſou.*
Dix-ſept, *mitaſſou achi niſſouaſſou.*
Dix-huit, *mitaſſou achi niſſouaſſou.*
Dix-neuf, *mitaſſou achi changaſſou.*
Vingt, *ninchtana.*
Vigt-un, *ninchtana achi pegik.*
Vingt-deux, *ninchtana achi ninch.*
Vingt-trois, *ninchtana achi niſſoue.*
Vingt-quatre, *ninchtana achi neou.*
Vingt-cinq, *ninchtana achi naran.*
Vingt-ſix, *ninchtana achi ningotouaſſou.*

Vingt-fept, *ninchtana achi ninchoaſſou.*
Vingt-huit, *ninchtana achi niſſouaſſou.*
Vingt-neuf, *ninchtana achi changaſſou.*
Trente, *niſſouemitana.*
Trente-un, *niſſouemitana achi pegik*, &c.
Quarante. *neoumitana.*
Cinquante, *naranmitana.*
Soixante, *ningoutouaſſou mitana.*
Septante, *ninchouaſſou mitana.*
Huitante, *niſſouaſſou mitana.*
Nonante, *changaſſou mitana.*
Cent, *mitaſſou mitana.*
Mille, *mitaſſou, mitaſſou mitana.*

Quand on faura une fois compter jufqu'à cent, on pourra facilement compter par dixaine de mille jufqu'à cent mille, qui eft un nombre quafi inconnu des fauvages, & par conféquent inufité en leur langue.

Il faut prendre garde de bien prononcer toutes les lettres des mots, & d'appuyer fur les *a* qui fe trouvent à la fin.

PÉTITION.

POUR perpétuer le glorieux souvenir
du Général incomparable, de l'infati-
gable premier Magiſtrat de la France,
qui, non content de s'être expoſé plu-
ſieurs fois aux plus grands dangers pour
nous procurer une paix honorable, ſo-
lide & avantageuſe, ſacrifie encore tous
les jours ſon tems, ſon repos, & ce qu'il
a de plus cher dans la vie, pour nous
rendre heureux, je demande que les
Français reconnoiſſans ſubſtituent le
mot de Napoléone à celui de Louiſiane,
& diſent déſormais la Napoléone au
lieu de la Louiſiane.

JACQUEMIN, pendant vingt-deux ans
Miſſionnaire-Préfet-Vicaire-Apos-
tolique de la Guiane Françaiſe,
actuellement Evêque démiſſionnaire
de Caïene.